Cambio sin esfuerzo

Andrew Wommack

Publicado por Andrew Wommack Ministries, Inc.

Woodland Park, CO 80863

Título en inglés: *Introduction to Effortless Change*

© 2023 por Andrew Wommack

Traducción: Citlalli Macy

Publicado en asociación entre Andrew Wommack ministries y Harrison House Publishers

Woodland Park, CO 80863 - Shippensburg, PA 17257

ISBN: 978-1-59548-705-6

eBook ISBN: 978-1-6675-0925-9

1 2 3 4 5 6 / 27 26 25 24

Contents

Introducción

Hace varios años, cuando contratamos a un nuevo director general para nuestro ministerio, hizo que todos nuestros empleados leyeran un libro específico sobre el cambio. Lo hizo porque la inmensa mayoría de las personas se resisten al cambio; le temen. Para muchas personas, el cambio es un proceso difícil, doloroso y laborioso. Piensan que se necesita un gran esfuerzo para cambiar sus pensamientos, acciones y circunstancias.

¿Sigues experimentando las mismas pruebas y fracasos en tu vida? ¿Estás ejerciendo tu fe para ver un avance en las áreas de la sanidad, las finanzas, o la liberación, pero no estás viendo resultados? ¿Sabes cuál es el llamado de Dios para tu vida, pero no ves cómo puedes realizarlo?

¿Qué sucedería si te dijera que puedes cambiar tu vida sin esfuerzo? La clave para ver que la voluntad de Dios se manifiesta en tu vida, en tu cuerpo, cuenta bancaria, negocios, relaciones y más, es sembrando la Palabra de Dios en tu corazón. ¡Es así de simple!

En este libro de bolsillo, quiero compartir contigo algunas verdades de la Palabra de Dios que pueden transformar totalmente tu manera de entender y abordar el cambio. Si recibes estas verdades en tu corazón y las aplicas a tu vida, podrás ver cómo el cambio se produce sin esfuerzo en tu vida. He visto que esto sucede una y otra vez en mi propia vida y en las vidas de otros que han sido bendecidos por este ministerio.

Quizá te preguntas si hay algo más en tu vida. Tienes sueños. Tienes deseos. Miras donde estás y no te satisface. Te das cuenta de que hay algo más, pero, tienes miedo de cambiar. Quiero decirte que sí hay más porque Dios dijo que Él te dará los deseos de tu corazón (Sal. 37:4).

La Palabra de Dios es la semilla incorruptible (1 P. 1:23) que, cuando se siembra en la tierra de tu corazón, producirá una cosecha abundante (Mr. 4:20). Si tú quieres ver el cambio en el exterior, tienes que comenzar en el interior sembrando la Palabra de Dios. Si tan solo puedes cambiar tu manera de pensar, la manera en que eres en el interior, entonces verás un cambio en tu vida. ¡Y tu vida cambiará sin esfuerzo!

Haz las cosas de una manera diferente

Nosotros no nos atrevemos a igualarnos ni a compararnos con quienes se alaban a sí mismos; cuando ellos se miden con sus propias medidas y se comparan unos con otros, no demuestran buen juicio.

2 Corintios 10:12

En mis reuniones, una de las cosas que le pregunto a las personas es si saben que hay algo más en la vida que lo que están experimentando actualmente. Casi todas las manos se levantan. Luego pregunto: «¿Cuántos de ustedes quieren cambiar su vida y ver las cosas de otra manera?». Como ya dije, la mayoría levanta la mano porque quieren ver un cambio. Eso es un hecho muy revelador.

¿Necesitas un cambio en tu salud, tu matrimonio, tus finanzas, tu carrera o en algún otro aspecto de tu vida? Tal vez te hayas sentido insatisfecho con el mero hecho de levantarte, ir a trabajar, volver a casa y volver a la cama. Si así es, tienes que empezar a hacer algo diferente. La verdad es que Dios tiene más para ti, pero no puedes seguir haciendo las mismas cosas que te llevaron a donde estás. He oído que la definición de locura es seguir haciendo lo mismo y esperar resultados diferentes.

La gran mayoría de las personas que acuden a nuestras reuniones han nacido de nuevo. Muchos de ellos ya están bautizados en el Espíritu Santo. Son personas que aman a Dios, le buscan y desean un cambio. Si tú eres como las personas que vienen a nuestras reuniones, es posible que reconozcas la necesidad de un cambio. Pero ¿vas a hacer algo diferente?

La Biblia enseña que, de la misma manera que plantas una semilla, Dios te ha dado un sistema por medio de Su Palabra para hacer cambios que mejoren tu vida. Una semilla no se afana, no se aflige, y no pasa por dolor. Cuando ves una manzana, sabes que el árbol no trabajó para producirla. Es simplemente la naturaleza de una semilla crecer *para convertirse* en un árbol y luego producir fruto. Yo creo que la Palabra de Dios cambiará tu vida de la misma manera.

La mayoría de la gente mira a su alrededor para ver la experiencia de vida promedio. Ven que la persona media está enferma, es pobre y sus emociones suben y bajan como un yoyó. Se comparan con los demás, lo cual no es sabio (2 Co. 10:12). Viven una vida en un nivel bajo y piensan: «Bueno, así también son las cosas para los demás». Estoy aquí para decirte que Dios te hizo para más de lo que estás experimentando.

No pienses en pequeño

Puede ser que me hayas oído hablar de la noche en que el Señor realmente tocó mi vida, el 23 de marzo de 1968, pero creo que el segundo día más importante en la historia de este ministerio fue el 31 de enero de 2002.

Nuestro ministerio y el instituto bíblico estaban creciendo, estábamos tocando las vidas de las personas, y ya no estábamos batallando financieramente. Pero el Señor me estaba llamando a hacer más.

Llevábamos dos años transmitiendo programas por televisión, pero sólo alcanzábamos a un pequeño porcentaje del mercado estadounidense. Nuestro instituto bíblico Charis Bible College tenía poco espacio en unas instalaciones de 1356 metros cuadrados. Habíamos crecido hasta el punto de que habíamos experimentado mucho cambio, pero parecía que nos habíamos estancado. Fue entonces cuando el Señor me habló con base en el Salmo 78:41 (*RVA*).

Y volvían, y tentaban a Dios, Y ponían límite al Santo de Israel.

Dios me mostró que lo estaba limitando a través de mi manera de pensar en pequeño. Hay varias razones para ello, pero una de las razones principales era que me sentía cómodo después de años de lucha. Me había vuelto complaciente. Después de más de treinta años en el ministerio, parecía que finalmente íbamos a lograrlo. Veíamos la luz al final del túnel, ¡y no era otro tren!

Algunas personas se les ocurre cualquier excusa para no seguir los planes de Dios para sus vidas. La gente se me acerca en las reuniones y me dice: «Creo que Dios me dijo que asistiera a Charis Bible College, pero...», y luego me dan una lista de razones por las que no pueden hacerlo. Mi respuesta es típicamente: «Bueno, escucho lo que dices, pero me perdiste una vez que dijiste: "Dios me lo dijo"». Verás, hace mucho tiempo, yo tomé la decisión de que iba a seguir la voluntad de Dios para mi vida y hacer lo que fuera necesario, ¡aunque enfurezca al diablo!

El 11 de febrero de 2002, menos de dos semanas después de que Dios me revelara que le estaba limitando por medio de mi manera de pensar en pequeño, reuní a mi personal, que en aquel tiempo eran unas dos docenas de personas, y compartí con ellos lo que el Señor me había mostrado. Les dije: «No sé cuánto tiempo me llevará cambiar esta imagen en mi interior, pero voy a cambiar». No sabía si tardaría una semana, un mes o un año, ¡pero me había comprometido a cambiar! (Volveremos a hablar sobre esta historia más adelante).

Conocido por tus frutos

Ustedes los conocerán por sus frutos, pues no se recogen uvas de los espinos, ni higos de los abrojos. Del mismo modo, todo buen árbol da buenos frutos, pero el árbol malo da frutos malos. El buen árbol no puede dar frutos malos, ni *el árbol malo dar frutos buenos. Todo árbol que no da buen fruto, es cortado y echado en el fuego. Así que ustedes los conocerán por sus frutos.*

Mateo 7:16–20

Si fuera a tu casa a ver tu jardín, podría darme cuenta de lo que has plantado, aunque no estuviera presente cuando sembraste. Solo tendría que observar las plantas que están creciendo. Si hay maíz creciendo, plantaste maíz. Si hay guisantes, has sembrado guisantes.

Podrías decir que otra persona entró y plantó algo en tu jardín que tú no habías planeado. Pero, en última instancia, es tu responsabilidad vigilar y proteger tu jardín. Lo que crezca allí es lo que tú has plantado o lo que has permitido que sea plantado.

Del mismo modo, lo que está creciendo en tu vida es lo que tú plantaste allí o permitiste que alguien plantara en ti. La dirección de tu vida en el exterior refleja tu forma dominante de pensar en el interior. En vez de buscar un cambio que se produzca en el exterior en todos y en todo lo que te rodea, lo primero que tienes que hacer es reconocer que el cambio comienza en tu interior. Esto ocurre según el conocimiento que tengas de Dios (2 P. 1:2–3).

La Palabra de Dios es verdad. Como piensas en tu corazón, así eres (Pr. 23:7). Esta es una ley de Dios. No podemos actuar continuamente de manera diferente a lo que creemos en nuestros corazones. Por lo tanto, nuestras acciones dominantes son una ventana a nuestros corazones. Y si queremos cambiar nuestras acciones, tenemos que cambiar nuestros corazones primero. Cualquier otra cosa no es más que una modificación del comportamiento y no un verdadero cambio.

Romanos 8:6 confirma esta verdad:

Porque el ocuparse de la carne es muerte, pero el ocuparse del Espíritu es vida y paz.

La mentalidad carnal no solo tiende a la muerte, sino que equivale a la muerte. Y la mentalidad espiritual no solo tiende a la vida, sino que equivale a la vida. No tengo que estar con una persona para ver lo que ha estado pensando. Todo lo que tengo que hacer es ver el fruto de la vida de esa persona, y puedo saberlo. Es como mirar el jardín de una persona; lo que crece allí es lo que se plantó allí.

La muerte es mucho más que algo físico, donde nuestras almas y espíritus se separan de nuestros cuerpos (Stg. 2:26). La enfermedad, la depresión, la ira, la pobreza y cualquier otra cosa que sea resultado del pecado son formas de muerte (Ro. 6:23).

Tú estás completo en Él

Puedes orar, rogar a Dios y hacer que otras personas intercedan por ti todo lo que quieras. Podrían incluso imponerte las manos hasta que se te caiga todo el pelo de la cabeza, pero no vas a ver un cambio en tu vida externamente hasta que cambies internamente.

Cuando naciste de nuevo, Dios puso en tu interior todo lo que alguna vez pudieras llegar a necesitar. En el reino espiritual, tú estás completo (Col. 2:10). Tú eres tan completo y perfecto en el reino espiritual como lo es Jesús.

En esto se ha perfeccionado el amor entre nosotros para que tengamos confianza en el día del juicio: pues como él es [Jesús], así somos nosotros en este mundo.

1 Juan 4:17

Y por cuanto ustedes son hijos, Dios envió a sus corazones el Espíritu de su Hijo, el cual clama: «¡Abba, Padre!».

Gálatas 4:6

En tu espíritu nacido de nuevo, ya tienes todos los frutos del Espíritu: *«amor, gozo, paz, paciencia, benignidad, bondad, fe, mansedumbre, templanza»* (Ga. 5:22–23). También tienes la unción de Dios (1 Jn. 2:20) y la fe de Dios (Gal 2:20). Todo lo que tendrás en la eternidad ya está en ti en tu espíritu.

No hay nada negativo en tu espíritu nacido de nuevo, ni temor, ni falta de perdón, ni incredulidad. Tu espíritu es perfecto (He. 12:23). Pero tienes que sacar lo que hay dentro plantando la semilla de la Palabra de Dios. Pero no es la semilla en sí la que hace el trabajo.

Una semilla de manzana no produce un manzano. La semilla de manzana activa la tierra, y de la tierra sale el árbol porque «*la tierra da fruto por sí misma*» (Mr. 4:28). La semilla de alguna manera toma los nutrientes que están en la tierra; entonces de la tierra sale un manzano, y produce manzanas. Este proceso fue lo que Dios se propuso desde el principio.

Y así la tierra produjo hierba verde, hierba que da semilla según su naturaleza, y árboles que dan fruto según su género, y cuya semilla está en ellos. Y vio Dios que era bueno.

Génesis 1:12

He visto personas que toman una semilla de manzana y dicen: «Cualquiera puede contar el número de semillas en una manzana, pero nadie puede contar el número de manzanas en una semilla». Dicen que, si plantas una semilla, de ella saldrá un árbol que producirá cientos de manzanas, y que en cada manzana hay muchas semillas, y así sucesivamente. Entiendo lo que *quieren decir*, pero según Génesis 1:11–12 y Marcos 4:28, las semillas no producen manzanas. La tierra produce las manzanas. La semilla activa lo que ya está en la tierra (el corazón).

¿Qué es exactamente el corazón del hombre? ¿Es tu espíritu o tu alma? El corazón es una combinación del espíritu y el alma. En el sentido bíblico, es el núcleo de una persona. El espíritu y el alma fueron hechos para funcionar como uno solo. Cuando esto sucede, comienzas a experimentar la victoria en tu vida. El conocimiento de lo que es el corazón puede aplicarse a cada área de tu vida.

Empieza a producir

Jesús dijo también: «El reino de Dios es como cuando un hombre arroja semilla sobre la tierra: ya sea que él duerma o esté despierto, de día y de noche la semilla brota y crece, sin que él sepa cómo. Y es que la tierra da fruto por sí misma: primero sale una hierba, luego la espiga, y después el grano se llena en la espiga».

Marcos 4:26–28

Así como la semilla libera el poder en la tierra, Dios creó Su Palabra para liberar el poder en nuestros corazones.

A la tierra no le importa qué tipo de semilla es plantada; simplemente comenzará el proceso de crecimiento. De la misma manera, nuestros corazones no escogen liberar únicamente el poder en la Palabra de Dios. Cualquier palabra plantada en nuestros corazones comenzará a producir , por eso debemos ser muy selectivos acerca de lo que permitimos que entre en nuestros corazones.

Lo que está creciendo en el jardín de tu vida es lo que has plantado o permitido que se plante en tu corazón. Antes de que realmente puedas ver el cambio, debes hacer algo diferente, como dejar de usar excusas y culpar a todos los demás por lo que está mal en tu vida. Tienes que dejar de decir: «Es el destino», o «Tengo mala suerte», o «Nunca nada funciona para mí». Las Escrituras revelan que como pienses en tu corazón, así serás (Pr. 23:7). Si piensas espiritualmente, tus pensamientos producirán vida y paz (Ro. 8:6).

En Marcos 4:28, «*por sí misma*» se traduce de la palabra griega *automatos*.[1] Es de donde sacamos la palabra inglesa *automatic* (automático). La tierra produce fruto automáticamente. De la misma manera, nuestros corazones están hechos para producir automáticamente cualquier semilla que sembremos en ellos. Observa que se habla de la tierra como si fuera femenina. Tiene todo lo que necesita para producir fruto excepto la semilla, o esperma.

Siendo renacidos, no de simiente corruptible, sino de incorruptible, por la palabra de Dios que vive y permanece para siempre.

1 Pedro 1:23, *Reina-Valera 1960*

La palabra griega para semilla es *spora*,[2] que es un derivado de la palabra griega *sperma*.[3] Está diciendo que la Palabra de Dios es como una semilla, un esperma, y tiene que ser plantada en tu corazón para concebir. Hablo todo el tiempo con personas que oran y tienen fe para que Dios haga algo en sus vidas, pero siguen frustrados con los resultados. Es porque les faltan las semillas de la concepción; simplemente no conocen la Palabra de Dios. Para concebir y dar a luz desde tu espíritu, primero debes plantar la Palabra de Dios como una semilla en tu corazón.

El Reino de Dios funciona por leyes, como las leyes que rigen el proceso de fructificación de una semilla. Y esta es precisamente la razón por la que la mayoría de las personas no ven que lo mejor de Dios se haga realidad en sus vidas. Piensan que, como Dios los ama, les concederá lo que piden sin importar si ponen a trabajar o no la semilla de Su Palabra.

Concibe tu milagro

Pensaríamos que una persona está totalmente loca si nada más pidiera en oración tener un bebé, pero nunca tuviera una relación con alguien. Solo hubo un nacimiento virginal, ¡y no va a haber otro! Una semilla tiene que ser plantada en el vientre para que alguien pueda concebir y dar a luz a un niño.

En el reino natural, entendemos eso. Pero cuando se trata de cosas espirituales, hay personas que están orando para que la voluntad de Dios se realice en sus vidas, pero no están plantando la semilla de la Palabra de Dios. Me he topado con personas que han venido a mí buscando sanidad, y les pregunto: «¿En qué cita bíblica te estás apoyando? ¿Qué palabra *de Dios* has puesto en tu corazón que va a traer sanidad?». A menudo, la gente responde: «Bueno, ¿no dice en algún lugar de la Biblia, no recuerdo si es el Antiguo Testamento o el Nuevo Testamento, que "por Sus llagas hemos sido sanados"?».

Ni siquiera saben si es del Antiguo o del Nuevo Pacto, pero saben que está en algún lugar de la Biblia. No podrían encontrar 1 Pedro 2:24 aunque lo intentaran. Te diré algo, una persona debe tener un poco más de intimidad con la Palabra de Dios que eso si quiere concebir lo mejor de Dios en su vida.

Es como si una mujer dijera: «Bueno, ¿basta con estar cerca de un hombre para quedarse embarazada? ¿Basta con que me sonría para quedar embarazada?». La verdad es que la concepción no puede tener lugar sin antes plantar la semilla. Dios ya ha hecho su parte: Nos ha dado la semilla de Su Palabra. Solo necesitas sembrar esa Palabra en tu corazón.

Por ejemplo, el Señor no nos da dinero directamente. Deuteronomio 8:18 dice que el Señor nos da poder para obtener riquezas. El poder está en Sus promesas: Su Palabra. Cuando plantamos esas promesas en nuestros corazones, la verdad de Su Palabra germina, y la prosperidad viene.

Hay muchas personas que oran y ejercen fe para que Dios haga algo en sus vidas, pero se quedan frustrados con los resultados. Es porque les faltan las semillas de la concepción; no conocen la Palabra de Dios. Para concebir y dar a luz desde tu espíritu, primero debes plantar la Palabra de Dios como una semilla en tu corazón.

No puedo decirte lo importante que es que conozcas la Palabra de Dios y que plantes esa semilla en tu corazón. Podría significar la diferencia entre la prosperidad y la pobreza, o incluso entre la vida y la muerte. Pero la semilla no puede hacer nada sin tierra. Los científicos han tomado semillas que se han encontrado en sitios históricos antiguos y las han plantado. Una vez que esas semillas, que permanecieron dormidas durante miles de años, fueron *sembradas* en la tierra, de repente, brotaron y produjeron.[4] ¡Eso es muy impresionante!

La parábola del sembrador

También les dijo: «Si no entienden ustedes esta parábola, ¿cómo podrán entender todas las demás? El sembrador es el que siembra la palabra.»

Marcos 4:13–14

Según Jesús, la parábola del sembrador (Mr. 4:1–20) es la clave para conocer toda la Palabra de Dios. Si no entendemos estas verdades, Jesús dijo que no entenderemos ninguna de las otras parábolas.

En esta parábola, Jesús describió cuatro tipos de tierra en los que se podía sembrar la semilla, pero en realidad no estaba enseñando sobre la agricultura. Cuando más tarde Jesús explicó la parábola a sus discípulos, reveló que la semilla era la Palabra de Dios y que la tierra eran los corazones de las personas.

La variable en esta parábola es la condición de los corazones. La Palabra de Dios es siempre la misma. Tiene el mismo potencial en cada corazón. Cuando Jesús dio la parábola, describió cada tipo de suelo en relación con los corazones de las personas. Primero estaba la tierra junto al camino (Mr. 4:4), luego la tierra pedregosa (Mr. 4:5–6), las semillas sembradas entre espinos (Mr. 4:7) y la buena tierra que producía treinta, sesenta o hasta ciento por uno (Mr. 4:8).

Un corazón representado por la tierra junto al camino es uno que no tiene ningún deseo por la Palabra de Dios. La Palabra nunca entra en el corazón, más bien se queda en la superficie donde es fácilmente robada por el diablo. Jesús dijo que Satanás tiene la habilidad de robar esta Palabra de aquellos que no la entienden (Mt. 13:19). Por lo tanto, el entendimiento es el primer paso para que la Palabra de Dios llegue a nuestro interior.

La tierra pedregosa representa a una persona que entiende la Palabra de Dios y se entusiasma con ella, pero no se toma el tiempo necesario para arraigarla en su interior (Mr. 4:16–17). En ese caso, la Palabra germina, pero no produce fruto porque no tiene un buen sistema de raíces. Alguien que no está arraigado en la Palabra de Dios se marchitará y caerá cuando venga la persecución o la crítica.

El tercer tipo de tierra se refiere a los espinos que ahogan o restringen la capacidad de otras plantas para crecer y producir fruto. Este tipo de tierra representa a los que están distraídos y engañados por las cosas del mundo (Mr. 4:18–19). La Palabra sembrada en sus corazones se ahoga, y no se produce fruto.

> *Pero otra parte cayó en buena tierra, y brotó y creció y dio fruto, y rindió una cosecha de treinta y sesenta, y hasta de ciento por uno.*
>
> Marcos 4:8

¿Por qué era buena esta cuarta clase de tierra? ¿Por qué daba fruto a treinta y sesenta y hasta ciento por uno? ¿Tenía más que los otros tipos de tierra? No, en realidad tenía menos. Tenía menos malas hierbas que drenaban los nutrientes. También tenía una base menos rocosa para que la semilla pudiera echar raíces. Había menos riesgos de que se pudiera arrebatar la semilla. Por lo tanto, no es necesario tener más tierra para que nuestro corazón sea un buen suelo. Solo se necesita menos ocupación con las cosas del mundo y más enfoque en el Señor.

Aun entre aquellos que eran fructíferos, había varios grados de fructificación, pero muchas personas sienten que simplemente no tienen lo que se necesita para ser fructíferos. Pero la verdad es que cualquiera de nosotros puede ver que la Palabra de Dios produce en nuestras vidas si desarraigamos todas las cosas adversas. La buena tierra no surge de la nada. Hay que cultivarla.

La tierra produce

Después dijo Dios: «¡Que produzca la tierra hierba verde, hierba que dé semilla, y árboles frutales sobre la tierra que den fruto según su género, y cuya semilla esté en ellos!» Y así fue.

Génesis 1:11

Fíjate que el versículo dice que la tierra produjo hierbas y árboles. Ya estaban en la tierra y Dios sacó todas estas cosas, todo lo que vemos, de la tierra con Su Palabra. ¿Sabías que todo lo que ves sobre la tierra alguna vez estuvo en la tierra? Hay cosas a nuestro alrededor hechas de madera, plástico, vidrio y metal que alguna vez estuvieron en la tierra.

Incluso la humanidad fue hecha de la tierra. Génesis 2:7 dice,

Entonces Jehová Dios formó al hombre del polvo de la tierra, y sopló en su nariz aliento de vida, y fue el hombre un ser viviente (RVR-1960).

Cuando Dios creó a la humanidad, ésta se encontraba en la tierra. Su Palabra activó lo que ya había en la tierra, minerales, nutrientes, etc., y dio a luz al hombre. Luego, el Señor sopló Su aliento en nosotros. Eso es lo que nos hizo diferentes a cualquiera de las otras criaturas que Él hizo de la tierra y el agua en Génesis 1. Así que, no somos solo *seres físicos*; también tenemos esta parte espiritual. La palabra que se tradujo como *aliento* es la misma palabra que también se traduce *espíritu*.

Cuando Dios le habló a la tierra, *Su Palabra* se convirtió en la semilla que liberó todo ese potencial que había en el suelo. De la misma manera, cuando tomas la Palabra de Dios escrita y la siembras en tu corazón, se convierte en vida. La Palabra de Dios activa la vida que está en tu espíritu y comienza a liberarla en el reino físico —por medio del fruto del Espíritu— sanidad, liberación, prosperidad, y otras promesas de Su Palabra.

Cuando te miras al espejo, puede que veas a alguien que no está tan dotado como otra persona. Tal vez sientas que te faltan todo tipo de grandes talentos. Y mientras eso puede ser verdad en lo natural, tu hombre espiritual es idéntico a Jesús (1 Jn. 4:17). Tú tienes en tu espíritu nacido de nuevo todo lo que está en Jesús. Todo lo que necesitas hacer para activarlo es plantar la semilla de la Palabra de Dios en tu corazón, y comenzará a sacar la vida de Dios.

Una vez, en una reunión en Kansas City, un hombre se acercó y me dijo que yo era «simple como la tierra». No creo que lo dijera como un cumplido, pero la tierra es milagrosa.

Lo que está en la tierra —tierra vieja y simple— tiene el potencial de producir todo lo que nos rodea. Es fantástico.

Dios hizo la semilla

Y dijo Dios: «¡Miren! Les he dado toda planta que da semilla y que está sobre toda la tierra, y todo árbol que da fruto y semilla. Ellos les servirán de alimento.»

Génesis 1:29

La parábola del sembrador en realidad no es una parábola sobre cómo plantar una semilla y obtener una cosecha en el sentido natural. Es un fenómeno natural utilizado para ilustrar un principio espiritual. Es apropiado que Jesús usara esta ilustración para la Palabra de Dios porque una semilla no está hecha por el hombre, está hecha por Dios.

Podríamos reunir todos los recursos de la raza humana, todo nuestro dinero, nuestro intelecto, y poner a miles de millones de personas a trabajar para conseguir algo que se parezca a un grano de maíz. Podría tener un sabor como un grano de maíz, e incluso podría crujir como un grano de maíz. Podría ser como el maíz en todos los aspectos, pero si pusiéramos un grano de maíz hecho por el hombre en la tierra, nunca produciría un tallo, y nunca produciría nuevas mazorcas de maíz.

Hay un milagro en una semilla. Cuando plantas una semilla, simplemente produce. Se multiplica treinta, sesenta o cien veces. Y creo que es muy significativo que Dios escogió una semilla para ilustrar la manera en que la Palabra trabaja en tu corazón. Porque si Él usara algo hecho por el hombre para su ilustración, simplemente no sería lo mismo.

En la escuela enseñan y se hacen exámenes a los alumnos, pero se puede hacer trampa en un examen. Puedes mirar el examen de otra persona y copiar sus respuestas. También puedes sentarte en clase, no prestar atención y no asimilar la materia. En ese caso, la noche antes de un examen, puedes acumular *información* en tu memoria a corto plazo para aprobar. En cierto sentido, eso también es hacer trampa. Puedes eludir el proceso de aprendizaje y aprobar un examen sin haber aprendido realmente la materia.

La inmensa mayoría de la gente lo ha hecho hasta cierto punto. Si intentaras repetir algunos de los exámenes que hiciste en la escuela, probablemente no podrías aprobarlos hoy. Puede que los aprobaras en aquel entonces, pero no retuviste el material. No lo aprendiste de verdad. Simplemente venciste al sistema. Puedes vencer a un sistema hecho por el hombre, pero no puedes vencer a un sistema creado por Dios. No puedes acumular *algo* para *obtener* una cosecha.

Debes saber cuándo sembrar

Un hombre que asistió a un estudio bíblico que dirigí hace años era probablemente uno de los peores pecadores de todo el condado. Era borracho y mujeriego. Después él milagrosamente nació de nuevo y fue bautizado en el Espíritu Santo. Tanto como había servido al diablo, cambió y sirvió a Dios con todo su corazón.

Todo el mundo en el condado sabía lo que había ocurrido. No podía ir a ningún sitio, la oficina de correos, el supermercado o la gasolinera, sin que la gente pudiera darse cuenta de la transformación. Debido a esto, tuvo muchas oportunidades de dar testimonio. Este hombre empezó a hablar con todo el mundo sobre el Señor y ofreció su casa para que yo pudiera enseñar la Palabra. Sesenta o setenta personas venían a ese estudio bíblico solo para ver el cambio en este hombre.

Él tenía celo por el Señor, pero cometió algunos errores serios porque no conocía la Palabra. Empezó a viajar y a dar su testimonio además de todo lo que estaba haciendo en su iglesia. Debido a su horario tan ocupado, no tenía tiempo para sembrar sus tierras como normalmente lo hacía. Este hombre tenía tanta tierra que la contaba en secciones. Cada sección tenía 640 acres.

Como estaba sirviendo al Señor, este hombre supuso que Dios lo bendeciría sobrenaturalmente con una cosecha, aunque no se tomara el tiempo de sembrarla. La temporada del trigo avanzó, y faltaban unas tres semanas para la cosecha. El trigo de otras personas había crecido, había comenzado a tomar un color dorado y se estaban preparando para cosechar. Por aquel entonces, este hombre salió y pidió prestados medio millón de dólares[N.T.] para comprar semillas de trigo y las sembró pocos días antes de la cosecha.

Pensó que Dios le concedería una cosecha sobrenatural porque había estado haciendo «la obra del Señor». Por supuesto, esta cosecha sobrenatural no se dio. Cuando su trigo no creció, y él no lo cosechó, perdió todo ese dinero. Estaba en peligro de quebrar. Este hombre entonces vino a verme pidiendo oración.

Estaba enojado y decía: «¡No entiendo por qué Dios no me ha dado esta cosecha!». Tuve que decirle: «Así no funciona el Reino. Tienes que plantar tu semilla en un momento determinado y darle tiempo para que crezca y madure. Son leyes naturales». Él replicó: «Sé que funciona así. Llevo años haciéndolo. Pero pensé que como estaba *actuando* en el Espíritu, que las cosas funcionaran de otra manera».

[N.T.] En este libro de bolsillo, a menos que se indique lo contrario, el autor usa la divisa de dólar estadounidense (USD).

Este hombre solo estaba expresando lo que mucha gente piensa. Ellos piensan que, en el reino natural, ellos están atados por las leyes físicas, naturales, y ciertas cosas tienen que suceder antes de que los resultados esperados puedan venir. Pero en el reino espiritual, piensan que, si son sinceros, y realmente tienen necesidad, y lo dicen con todo su corazón, pueden esperar resultados positivos sin preparación. No es así como funciona.

Semilla, tiempo y cosecha

«El reino de Dios es como cuando un hombre arroja semilla sobre la tierra: ya sea que él duerma o esté despierto, de día y de noche la semilla brota y crece, sin que él sepa cómo. Y es que la tierra da fruto por sí misma: primero sale una hierba, luego la espiga, y después el grano se llena en la espiga; y cuando el grano madura, enseguida se mete la hoz, porque ya es tiempo de cosechar.»

Marcos 4:26–29

En el mundo natural, todo gira en torno a la semilla, el tiempo y la cosecha. Lo mismo ocurre en el mundo espiritual. La Palabra de Dios es la semilla que, con el tiempo, produce una cosecha. Pero Dios no te da todo lo que deseas o necesitas de una sola vez. Algunos de ustedes, pueden sentir que es semilla, **T I E M P O** y cosecha, pero definitivamente hay un proceso de crecimiento. Las personas que ignoran esto lo hacen en su propio detrimento. Te perjudica si no reconoces esto.

Recuerdo a un hombre que vino a mí con una idea para fundar un centro juvenil en Colorado Springs. Había escuchado un mensaje sobre cómo ayudar a los jóvenes, y realmente le llamó la atención. Así que encontró un edificio comercial vacío (que yo también había considerado para nuestras instalaciones para el ministerio), cuya compra habría costado unos dos millones de dólares. Luego calculó que costaría entre dos y tres millones más renovarlo.

Este hombre planeaba instalar una pista de patinar y otras instalaciones que atrajeran a los adolescentes. Mientras estuvieran allí, iba a evangelizarlos. Era una gran idea y había dedicado mucho tiempo y esfuerzo a elaborar una propuesta que me presentó con la esperanza de que yo la apoyara. La propuesta estaba llena de datos y cifras, que hablaban de la delincuencia entre los jóvenes y otras cosas, para apoyar la necesidad de un centro juvenil cristiano en la ciudad.

Entonces empecé a hacerle preguntas a este hombre. «¿Has enseñado alguna vez un estudio bíblico? ¿Has trabajado alguna vez con un grupo de jóvenes? ¿Alguna vez has tratado con jóvenes?». Y él respondió, «No», cada vez. Resulta que nunca había hecho ningún trabajo en el ministerio. Así que le dije: «Es una gran idea, pero no funcionará para ti».

«¿Por qué no?», preguntó. Y luego intentó justificar sus planes en función de las necesidades. Volvió a referirse a todas las estadísticas de su propuesta. Yo no discutía que hubiera una necesidad, pero le dije: «*Dios* nunca te ha utilizado un poco, así que no te va a utilizar mucho. Primero la hierba, luego la espiga, después el grano se llena en la espiga».

Este hombre quería todo el fruto de una cosecha sin pasar por *el proceso de* la semilla y el tiempo. La voluntad de Dios para tu vida no se cumple automáticamente, ni siquiera inmediatamente. Que pases de cero a mil kilómetros por hora instantáneamente no es aceleración, *¡es un accidente!* Hay un proceso de crecimiento.

Obtén entendimiento

Cuando alguien oye la palabra del reino, y no la entiende, viene el maligno y le arrebata lo que fue sembrado en su corazón. Ésta es la semilla sembrada junto al camino.

Mateo 13:19

El entendimiento es absolutamente crítico para que la Palabra de Dios trabaje en tu vida. Aunque es bueno hablar la Palabra, porque la fe viene por el oír, y el oír, por la Palabra de Dios (Ro. 10:17), no debes recitar la Palabra sin entender lo que estás diciendo. Hay algunas personas que usan la Palabra de Dios como un mantra, y es infructuoso para ellos porque carecen de entendimiento.

Recuerdo que, en una de mis reuniones, estaba orando por una persona que tenía algunos problemas demoníacos, y esos demonios terminaron manifestándose. Tenía los ojos cerrados mientras oraba, y la gente me dijo más tarde que esa persona intentaba golpearme, pero no podía tocarme. Era como si alguien lo detuviera, y creo que era el Señor quien me estaba protegiendo.

Lo que sí recuerdo, sin embargo, es que cuando esta persona empezó a gritar, chillar y tratar de golpearme, todos a nuestro alrededor empezaron a recitar el Padre Nuestro (Mt. 6:9–13) tan rápido como podían. Como ya dije, es bueno declarar la Palabra a tu situación, pero estas personas solo estaban recitando por tradición; como cuando alguien lo hace en una película para ahuyentar a un vampiro. No lo estaban haciendo con su entendimiento.

El diablo no le teme a la Biblia. (De hecho, ¡puede que incluso haya participado en algunas de las traducciones modernas!) Tampoco teme a la tradición. No basta con recitar versículos de la Biblia para expulsar a un demonio. Tiene que implicar algo más que usar las cuentas del rosario, repetir una oración una y otra vez o citar unas citas bíblicas.

> *En primer lugar, adquiere sabiduría; sobre todas las cosas, adquiere inteligencia.*
>
> Proverbios 4:7

Debes entender la Palabra. Tiene que ser parte de ti. Tienes que poner la semilla de la Palabra de Dios en tu corazón y dejar que conciba. ¡Eso es el entendimiento! La única manera que verás cambio en tu vida y verás que lo mejor de Dios sale de tu espíritu nacido de nuevo, es leer y meditar en la Palabra y entenderla.

Mucha gente se me ha acercado y me ha dicho: «Haces que la Palabra sea tan fácil de entender». Bueno, ¡eso es porque soy bastante simple! Si una persona va a ser un comunicador eficaz, tiene que hablar a un nivel que la gente pueda entender. Si no lo entienden, Satanás viene inmediatamente y se la roba. Tienes que entender la Palabra de Dios antes de que puedas realmente recibirla y verla producir.

Debes saber cuándo cosechar

Además de saber cuándo sembrar y dar tiempo a que las cosas maduren, también hay un momento adecuado para cosechar. Si intentas cosechar demasiado temprano, el fruto estará verde y no madurará. Básicamente, matarás tu cosecha si la recoges demasiado temprano. Del mismo modo, si esperas demasiado para cosecharla, morirá en la vid y empezará a pudrirse. Hay un tiempo adecuado para recoger la cosecha, y se necesita tanta sabiduría para saber cuándo cosechar como para saber cuándo sembrar.

Aprender a cosechar es algo que me tomó mucho tiempo entender. Yo era bueno plantando la Palabra en mi corazón y producía, pero no siempre sabía cómo cosechar. Esta es una de las cosas que les decimos a los estudiantes en nuestro instituto Charis Bible College. Cuando se sientan escuchando la Palabra cuatro horas al día, cinco días a la semana, sus vidas cambiarán. También pueden aprender de las experiencias de nuestros instructores y no tener que pasar por la «escuela de los golpes duros» como yo lo hice.

Nuestro ministerio depende de que la gente dé *donativos* y nos ayude. En los primeros días de nuestro ministerio, batallábamos económicamente. Yo ignoraba una ley en el reino de Dios que dice, «*Así también el Señor ordenó a los que anuncian el evangelio, que vivan del evangelio»* (1 Co. 9:14). En otras palabras, los ingresos de un ministro son proporcionales al tiempo que invierte predicando el Evangelio.

Al principio de nuestro ministerio, yo no entendía este principio. Solo ministraba en un pequeño estudio bíblico. En la primera iglesia que pastoreé, la mayor cantidad de asistentes que tuvimos fue de doce personas, y la mayoría de las veces, eran solo de cinco a siete personas. Cuando predicaba medio tiempo y solo ministraba a unas pocas personas, solo debería haber esperado cosechar un salario de medio tiempo. Debería haber estado trabajando para complementarlo.

En aquel tiempo, no lo entendía. Yo personalmente sentía que estaba pecando contra Dios si iba y trabajaba en un empleo secular, porque había sido llamado al ministerio. Por eso, Jamie y yo casi nos morimos de hambre. Ahora, a través de la televisión, la Internet, los libros y Charis, ministro a miles de millones de personas en todo el mundo. Dios ha suplido mis necesidades con la predicación del Evangelio.

Hay un tiempo apropiado para cosechar, y no puedes cosechar si no estás sembrando. No puedes retirar dinero de un banco si no tienes nada depositado. Al principio, no sembraba lo suficiente para vivir de la predicación del Evangelio. No podía esperar que la gente me apoyara a menos que hiciera un depósito en sus vidas. Hoy en día, no es raro que envíe una carta solicitando apoyo a nuestros socios y amigos para que nos ayuden en un proyecto y vea una respuesta enorme. Estoy cosechando proporcionalmente a lo que siembro. Es una bendición.

Permite que la Palabra de Dios crezca

También dijo: «¿Con qué vamos a comparar el reino de Dios? ¿Qué parábola nos sirve de comparación? Puede compararse con el grano de mostaza, que al sembrarlo en la tierra es la más pequeña de todas las semillas, pero que después de sembrada crece hasta convertirse en la más grande de todas las plantas, y echa ramas tan grandes que aun las aves pueden poner su nido bajo su sombra.»

Marcos 4:30–32

Cuando serví en el ejército en Vietnam, las noticias de Estados Unidos tardaban dos semanas en llegar. Años después de volver a casa, tuve la oportunidad de conocer al astronauta Jim Irwin cuando nos entrevistaban en el mismo programa de televisión. Después, le hice un montón de preguntas sobre la llegada a la Luna, porque yo estaba en Vietnam cuando se realizaron muchas de esas misiones espaciales.

Hoy en día, con la televisión y la Internet, tenemos un ciclo de noticias de veinticuatro horas. No importa en qué parte del mundo te encuentres, puedes ser bombardeado constantemente con información a medida que se suceden los acontecimientos. Los medios de comunicación trabajan las veinticuatro horas del día. Ya no se limitan a informar de lo que ocurre. Están haciendo proyecciones y pronosticando todo tipo de tragedias. La gente abre la puerta al miedo a través de informes negativos. Pero tienes que sembrar la Palabra de Dios diligentemente si quieres ver crecimiento en las cosas de Dios.

Cuando llegué por primera vez a Vietnam, y me tumbé en mi litera a estudiar la Biblia, leí Marcos 4:30–32, que me causó un gran impacto. Vi en esta parábola que el Señor hablaba del crecimiento, comparándolo con un árbol enorme que se extiende hasta que las aves del cielo vienen y se posan en él. Jesús estaba diciendo que Dios siembra una semilla en tu corazón, y ésta crece. Cuando empieza a producir, empiezas a ministrar a otras personas y sus vidas cambian.

Mientras leía esto y oraba, dije: «Dios, quiero que toques mi vida y me uses para que pueda tocar a la gente de todo el mundo». No tenía ni idea de que llegaría a millones de personas en todo el mundo por medio de la televisión y de Charis Bible College, pero tenía el deseo de hacerlo. Así que solo oraba: «Dios, quiero ser este enorme árbol que se extiende para tocar y bendecir a la gente».

Y el Señor me habló y me dijo, «Si yo contestara tu oración hoy y te diera este ministerio mundial que tú deseas, el primer pájaro que aterrizara en una de tus ramas causaría que todo se derrumbara porque tu raíz tiene una pulgada de profundidad». El Señor continuó diciéndome que no me preocupara por el crecimiento sobre la tierra, sino que pusiera énfasis en enraizarme en la Palabra de Dios.

Echa raíces

Bienaventurado *el hombre que no anda en compañía de malvados, ni se detiene a hablar con pecadores, ni se sienta a conversar con blasfemos. Que, por el contrario, se deleita en la ley del Señor, y día y noche medita en ella. Ese hombre es como un árbol plantado junto a los arroyos: llegado el momento da su fruto, y sus hojas no se marchitan. ¡En todo lo que hace, prospera!*

Salmo 1:1–3

En esta analogía, se plantó un árbol junto a los ríos de agua, y sus raíces descendieron y se adentraron en un río para que, incluso durante un período de sequía, siguiera dando frutos. El árbol florecería porque su sistema de raíces aprovechaba la humedad subterránea que lo sustentaría. Por el contrario, un árbol que solo dependiera de la lluvia moriría durante una sequía porque su sistema de raíces no tendría nada a qué recurrir.

Esto describe a muchos cristianos. No han echado raíces ni han entablado una relación personal con el Señor. Solo viven de los servicios de iglesia dominicales, amigos que oran por ellos, o alguna otra cosa. Debes tener raíces más profundas que eso. Hay tantas personas que quieren ver las cosas visibles de Dios, pero no están dispuestos a pasar tiempo con el Señor y dejar que sus raíces se hagan profundas.

Hace años, un estudiante de nuestro instituto Charis Bible College se me acercó porque estaba realmente conmovido por un mensaje que di. Me preguntó: «¿Cuánto tiempo te llevó preparar ese mensaje?». Probablemente pensaban que me había llevado una o dos horas, pero le dije: «Treinta y dos años». En ese momento, ese era el tiempo que había pasado desde que tuve mi encuentro milagroso con el Señor el 23 de marzo de 1968. Ese mensaje era algo que había estado viviendo durante treinta y dos años.

Ahora, he estado viviendo estas verdades que estoy compartiendo contigo por más de cincuenta años. He pasado tantas horas meditando en la Palabra y desarrollando mi relación con el Señor, que estas cosas son una parte de mí. Están arraigadas en mi interior y, por eso, están produciendo fruto en mí y en otras personas por medio de este ministerio.

Tal vez deseas algunos de los mismos resultados que yo tengo, pero no tienes ninguna raíz en ti. No estás plantado junto a un río. No sabes lo que dice la Palabra de Dios. Tú puedes haber escuchado a alguien más citar las Escrituras y piensas: «Bueno, yo sé que la Biblia dice en alguna parte que Dios quiere que yo sea próspero, sanado y liberado». Pero no estás viendo que lo mejor de Dios se manifiesta en tu vida; no estás viendo fruto. Solo tienes que llegar al punto en que conoces la Palabra de Dios mejor que eso.

Elije tu molde

No se conformen a este mundo; más bien, transfórmense por la renovación de su entendimiento de modo que comprueben cuál sea la voluntad de Dios, buena, agradable y perfecta.

Romanos 12:2, *Reina-Valera Actualizada* 2015

Cuando serví en el ejército, solo escuché una cosa buena de un capellán en todo el tiempo que estuve allí. La mayoría de los capellanes que tuve ni siquiera habían nacido de nuevo. Pero el día que recibimos nuestras órdenes para ir a Vietnam, había un capellán que realmente me bendijo.

Cuando recibimos la noticia de que nos íbamos al extranjero, hombres maduros empezaron a llorar. Era una situación trágica, así que un capellán vino a consolar a todos. Dijo que el Ejército y sus experiencias, incluido Vietnam, serían como un fuego. «Te derretirá», dijo este capellán. «Pero tú puedes elegir el molde en el que te van a verter». Lo que dijo resultó ser una afirmación verdadera.

Como ya tenía una buena disposición hacia el Señor, había decidido que iba a dar todo por Él. Todas las presiones y el horror que pasé me acercaron mucho más hacia el Señor. Así que, cuando volví de Vietnam, ¡estaba más fuerte que el rábano picante! Estaba caminando con Dios, el gozo del Señor estaba en mi corazón, y había avanzado a pasos agigantados en mi caminar cristiano.

Puede que no seas un soldado en medio de una zona de guerra, pero aun así vendrán presiones contra ti en esta vida que te derretirán. Sin embargo, puedes elegir si serás como las otras personas que se vuelven negativas, amargadas y rencorosas. Puedes elegir si vas a murmurar y quejarte o si vas a dejar que estas cosas te acerquen al Señor y te hagan más fuerte, y más estable en tu compromiso con Él.

En otras palabras, tú decides si te amargas o mejoras. Entonces, ¿cómo escoges?

La palabra griega que se traduce como *transformado* en Romanos 12:2 es «*metamorphoo*».[5] Es la palabra de la que derivamos la palabra *metamorfosis*. Una pequeña oruga teje un capullo y, con el tiempo, se transforma en una hermosa mariposa. Si quieres ser transformado de algo espeluznante, rastrero y terrenal en algo hermoso que puede volar, debes ser metamorfoseado o transformado por medio de la renovación de tu mente.

Tu vida cambiará, de un modo u otro, pero tú eliges si es negativo o positivo. ¿Quieres cambiar de ser débil, inferior y estar atado por todo tipo de problemas a convertirte en alguien que libera y experimenta la vida abundante de Dios (Jn. 10:10) desde su interior? Si así es, debes renovar tu mente con la Palabra de Dios.

Cada palabra ociosa

Si queremos empezar a ver el poder de Dios manifestarse en nuestras vidas, tendremos que empezar a prestar atención a lo que decimos. Las palabras tienen poder, más de lo que cualquiera de nosotros se da cuenta, pero a menudo las pronunciamos como si no tuvieran significado. Debido a eso, la mayoría de los creyentes en un momento u otro se han metido en problemas por su lengua.

Mateo 12:36–37 dice:

«Pero yo les digo que, en el día del juicio, cada uno de ustedes dará cuenta de cada palabra ociosa que haya pronunciado. Porque por tus palabras serás [justificado], *y por tus palabras serás condenado.»*

«Cada palabra ociosa» significa simplemente «no productiva». Son palabras que dices, pero no crees. Por ejemplo, puedes decir: «Me muero por ver a mis nietos». En realidad, no quieres decir que te mueres, pero lo dices de todos modos para enfatizar la importancia de la relación familiar.

Porque con el corazón se cree para justicia, pero con la boca se confiesa para salvación.

Romanos 10:10, *Reina-Valera 1960*

Cada vez que dices cosas que realmente no quieres decir, eso comienza a insensibilizar tu corazón a la Palabra de Dios. Cada palabra ociosa está dificultando un poco más creer que lo que dices realmente sucederá cuando lo digas en serio y realmente importe.

Al mismo tiempo, Romanos 10:17 dice: «*Así que la fe proviene del oír, y el oír proviene de la palabra de Dios*». Las palabras que hablas son captadas por tus propios oídos, así que cualquier cosa que estés diciendo, está haciendo que la fe venga. Tu fe también se ve afectada por lo que otra persona dice, especialmente si tiene una posición de autoridad sobre ti.

Un buen amigo mío me contó una vez que su padre guardaba coches usados para usar las partes de recambio. Tenían un montón de coches chatarra aparcados en su granja en todo tiempo, y su padre sacaba partes de uno para reparar otra cosa. Cada vez que mi amigo le ayudaba a reparar los coches, su padre le decía: «¡Qué tonto eres! No puedes atornillar una tuerca en un tornillo sin trasroscarla».

Tras años de escuchar ese mensaje, se convirtió en una profecía que se cumplía en la vida de mi amigo. Recuerdo haber trabajado con él en un coche. A pesar de lo inteligente y capaz que era mi amigo, le veía temblar cada vez que tenía que poner una tuerca en un tornillo, aterrorizado de que se trasroscara. Una vez, mi amigo había colocado bien la tuerca, pero tenía tanto miedo de haberla trasroscado mal, así que quitó la tuerca y la volvió a colocar. Siguió haciéndolo hasta que al final sí que se trasroscó. Hasta la fecha, nunca he visto a mi amigo poner una tuerca en un tornillo que no se trasroscara. Había sido maldecido por las palabras de su padre.

Una insatisfacción santa

Deléitate en el SEÑOR y él te concederá los anhelos de tu corazón.

Salmo 37:4, *Reina-Valera* 2015

Antes de cambiar, tienes que sentirte insatisfecho con tu situación. Necesitas una insatisfacción santa con tus circunstancias. Es una de las maneras en que Dios revela cómo te está guiando.

Recuerdo cuando Jamie y yo ministrábamos en Seagoville, Texas. Nunca tuvimos un grupo grande allí. Teníamos problemas de dinero, y fue duro para nosotros, pero nos quedamos allí por dos años. Tenía amigos que me preguntaban: «¿Por qué no se van de este lugar? ¿Por qué no te vas a un sitio donde la gente te quiera?». Pero me encantaba estar en Seagoville.

Recuerdo que un día estaba en el edificio de nuestra iglesia orando. Cuando miré por las ventanas, fue como si todo lo que veía cambiara de *una imagen a* color al blanco y negro. Pasó de ser algo que me gustaba a ser simplemente monótono. Recuerdo que miraba por las ventanas y pensaba: «Este es un pueblo insignificante. ¿A quién le gustaría vivir en este lugar?».

De repente, mi amor y mi deseo de estar en Seagoville cambiaron. Fue tan dramático que pensé: «*Dios, ¿qué está pasando?*». Oré durante unas dos horas. Finalmente, el Señor me habló y me dijo que el primero de noviembre debía partir de Seagoville. En aquel momento, Dios no me dijo adónde tenía que ir, pero me dijo que había llegado el momento de cambiar.

La forma en que el Señor me lo mostró fue cambiando mis deseos (Sal. 37:4). Ya no deseaba estar en Seagoville. Sabía que Dios quería que me fuera. Pero entonces pensé: «¿Cómo voy a decirle esto a Jamie?». Así que oré al respecto durante mucho tiempo.

Cuando llegué a casa, había un cartel que decía «Se vende» en nuestro jardín que no estaba allí cuando salí ese mismo día. Le pregunté a Jamie: «¿Qué sucedió?». Ella dijo: «El propietario vino y dijo que están vendiendo nuestra casa, y tenemos que estar fuera para el primero de noviembre». Esa era la fecha exacta que Dios me había dado, y fue una confirmación. Se estaba dando un cambio en mi vida, y una de las formas en que lo descubrí fue porque supe en mi espíritu que había algo más.

Fue durante este tiempo que yo estaba sembrando la Palabra en mi corazón. Aunque amaba a la gente de Seagoville, en primer lugar, me deleitaba en el Señor. Años antes, sabía que tendría un ministerio mundial, pero el Señor me mostró que *primero* tenía que echar raíces en mi espíritu sembrando la «*semilla incorruptible*» (1 P. 2:23); debía deleitarme en Él.

Haz un cambio

Para el 31 de enero de 2002, hacía más de treinta años que yo sabía que Dios quería que alcanzara a personas de todo el mundo. Sabía que iba a tener un ministerio mundial, y me estaba moviendo en esa dirección, pero estaba avanzando lentamente. Al ritmo que iba, probablemente no habría sucedido en mi vida. Pero cuando el Señor me habló y me dijo que lo estaba limitando por mi manera de pensar en pequeño, algo sucedió. Tomé la decisión de cambiar. Iba a creer a lo grande.

Pasé tiempo meditando sobre lo que el Señor me había mostrado basándome en el Salmo 78:41. No solo eso, sino que también había sembrado persistentemente la Palabra de Dios en mi corazón durante más de treinta años. Debido a esto, podía sacar *sabiduría* de mi espíritu nacido de nuevo cuando enseñaba en nuestro instituto bíblico. En cierto sentido, me había estado preparando para este momento durante toda mi vida adulta.

Por medio de pastorear tres pequeñas iglesias, transmitir programas en la radio, ser un ministro itinerante, establecer el instituto bíblico Charis, y luego transmitir programas en la televisión, habíamos visto, «*primero la hoja, luego la espiga, después el grano lleno en la espiga*» (Mr. 4:28). Al quitarle los límites a Dios y cambiar mi forma de pensar, estaba cosechando el fruto producido a través de años de sembrar la semilla. El cambio en mi interior se había producido sin esfuerzo, y ahora era el momento de ver el cambio en el exterior.

No tardé mucho en ver el impacto que esto tuvo en nuestro ministerio. Me senté y escribí una carta a nuestros asociados, compartiendo lo que el Señor me había mostrado. Como imprimir la carta y enviarla lleva tiempo, junto con el tiempo para recibir las respuestas de nuestros asociados, no esperábamos ver un cambio en sus donaciones durante meses. Pero la gente empezó a dar y nuestros ingresos aumentaron casi instantáneamente. Eso fue antes de que mi carta llegara a nuestros asociados. Fue sobrenatural.

Más o menos al mismo tiempo, tuvimos un gran avance con la segunda cadena cristiana más grande de televisión de

Estados Unidos. Yo era amigo de la gente que la administraba, pero por alguna razón no conseguíamos entrar a su cadena. Un día, la pareja que eran mis amigos, se pusieron en contacto conmigo y me preguntaron: «¿Por qué no tienes programas en nuestra cadena?». Una semana más tarde, nuestro programa ya estaba transmitiéndose en la cadena.

Las instalaciones de nuestro instituto bíblico eran tan pequeñas que habíamos convertido todos los baños interiores en baños para damas e hicimos que todos los hombres usaran baños portátiles afuera, incluso durante el invierno. Finalmente encontramos un edificio de 10219 metros cuadrados y el Señor me mostró cómo podíamos convertirlo en oficinas y aulas sin endeudarnos. Nuestros asociados nos dieron más de tres millones de dólares y en catorce meses nos habíamos mudado al edificio nuevo. Fue increíble.

A través de los años, Dios ha continuado mostrándome que necesito seguir cambiando la imagen en mi interior. Realmente creo que hasta el día en que me vaya *al cielo* con el Señor, Él va a estar mostrándome que hay más por lo que puedo creer; hay más que puedo hacer. Y con Él, ¡todo es posible!

Conclusión

Muchos de ustedes tienen sueños y visiones de Dios, y les encantaría hacer algo diferente. Sin embargo, tienes miedo de salir e intentarlo. Debes superar este miedo al cambio. Hay una manera de cambiar sin que sea traumático, doloroso o laborioso. Hay una forma correcta y una incorrecta de cambiar. La manera de Dios de cambiar es de adentro hacia afuera sembrando Su Palabra en tu espíritu nacido de nuevo.

Las personas dicen que quieren cambiar, pero se frustran cuando no ven resultados de inmediato. En parte se debe a que vivimos en una sociedad instantánea. La gente puede conseguir comida rápida en los restaurantes de comida rápida, o se irritan cuando no pueden conectarse a Internet de inmediato. Pues bien, no puedes crear tu milagro en el microondas.

El crecimiento no se produce de golpe. Primero está la hierba, luego la espiga, y después el grano se llena en la espiga. Siempre hay pasos hacia el cumplimiento de una visión o palabra de Dios. Aquellos que no han dado pasos de bebé nunca darán grandes pasos. Pero todo lo que tienes que hacer para empezar a ver que la perfecta voluntad de Dios para tu vida se convierte en una realidad es simplemente tomar la semilla de la Palabra de Dios y plantarla en tu corazón, y tu corazón automáticamente la convertirá en algo real.

Realmente creo que si meditas en la Palabra día y noche (Jos. 1:8), si no dejas que el diablo te la robe (Mr. 4:15), y no dejas que los afanes de esta vida ahoguen tu crecimiento (Mr. 4:19), creo que tendrías que alejarte de Dios para no cumplir Su perfecta voluntad para tu vida.

Tienes que reconocer que Dios quiere que cambies. Él te hizo para más de lo que estás experimentando. La mayoría de las personas disparan a la nada y le atinan todo el tiempo. Esa no es la forma en que Dios nos hizo.

Si tan solo permitieras que la Palabra de Dios trabaje en tu corazón y le permites dar fruto, verás el cambio para bien. Por medio del principio de Dios de la semilla, el tiempo y la cosecha, tu vida tendrá que cambiar, ¡y sucederá sin esfuerzo!

PARA MÁS ESTUDIO

Si te gustó este libro de bolsillo y te gustaría aprender más sobre algunos de los temas que he compartido, te sugiero estos estudios:

- *Espíritu, alma y cuerpo*
- *¡Ya lo tienes!*
- *Dios quiere que estés sano*
- *No limites a Dios*
- *¿Quién te dijo que estabas desnudo?* Un estudio de la conciencia.

Puedes comprar estos estudios en sus diferentes formatos en **awmi.net/store**.

Mis enseñanzas más populares están disponibles gratis para ver, escuchar o leer en **awmi.net/español**.

Recibe a JESÚS como tu Salvador

¡Optar por recibir a Jesucristo como tu Señor y Salvador es la decisión más importante que jamás hayas tomado!

La Palabra de Dios promete: «Si confesares con tu boca que Jesús es el Señor, y creyeres en tu corazón que Dios le levantó de entre los muertos, serás salvo. Porque con el corazón se cree para justicia, pero con la boca se confiesa para salvación» (Ro. 10:9-10). *«Porque todo aquel que invocare el nombre del Señor, será salvo»* (Ro. 10:13). Por su gracia, Dios ya hizo todo para proveer tu salvación. Tu parte simplemente es creer y recibir.

Ora en voz alta: *«Jesús, confieso que Tú eres mi Señor y mi Salvador. Creo en mi corazón que Dios te levantó de entre los muertos. Por fe en Tu Palabra, recibo ahora la salvación. Gracias por salvarme».*

En el preciso momento en que le entregaste tu vida a Jesucristo, la verdad de Su Palabra instantáneamente se lleva a cabo en tu espíritu. Ahora que naciste de nuevo, ¡hay un tú completamente nuevo!

Por favor comunícate con nosotros para que nos digas si recibiste a Jesucristo como tu Salvador y para que solicites unos materiales de estudio gratis que te ayudarán a entender más plenamente lo que ha sucedido en tu vida. Llama a nuestra línea de ayuda al **(+1) 719-635-1111** (para español: de lunes a viernes, 7:00 a.m. – 3:00 p.m. hora de la montaña. Para inglés: de lunes a domingo las veinticuatro horas del día), para que hables con uno de nuestros operadores que están listos para ayudarte a crecer en tu relación con el Señor.

¡Bienvenido a tu nueva vida!

Citas bíblicas tomadas de la Reina-Valera 1960

Recibe el Espíritu Santo

Como Su hijo que eres, tu amoroso Padre Celestial quiere darte el poder sobrenatural que necesitas para vivir esta nueva vida. «Todo aquel que pide, recibe; y el que busca, halla; y al que llama, se le abrirá… ¿Cuánto más vuestro Padre celestial dará el Espíritu Santo a los que se lo pidan?» (Lc. 11:10, 13b).

¡Todo lo que tienes que hacer es pedir, creer y recibir! Haz esta oración: «*Padre, reconozco mi necesidad de Tu poder para vivir esta vida nueva. Por favor lléname con Tu Espíritu Santo. Por fe, lo recibo ahora mismo. Gracias por bautizarme. Espíritu Santo, eres bienvenido a mi vida*».

Algunas sílabas de un lenguaje que no reconoces surgirán desde tu corazón a tu boca (1 Co. 14:14). Mientras las declaras en voz alta por fe, estás liberando el poder de Dios que está en ti, y te estás edificando en el espíritu (1 Co.14:4). Puedes hacer esto cuando quieras y donde quieras.

Realmente no interesa si sentiste algo o no cuando oraste

para recibir al Señor y a Su Espíritu. Si creíste en tu corazón que lo recibiste, entonces la Palabra de Dios te asegura que así fue. «*Por tanto, os digo que todo lo que pidiereis orando, creed que lo recibiréis, y os vendrá*» (Mr. 11:24). Dios siempre honra Su Palabra; ¡créelo!

Nos gustaría felicitarte y ayudarte a entender más plenamente lo que acaba de suceder en tu vida.

Por favor, comunícate con nosotros y dinos si hiciste la oración para ser lleno del Espíritu Santo, y para que pidas una copia del libro, *El nuevo tú y el Espíritu Santo*. Este libro explica con más detalle los beneficios de ser lleno del Espíritu Santo y de hablar en lenguas. Llama a nuestra línea de ayuda al **(+1) 719-635-1111** (para español: de lunes a viernes, 7:00 a.m. – 3:00 p.m. hora de la montaña. Para inglés: de lunes a domingo las veinticuatro horas del día).

Notas

1. *The Strongest Strong's Exhaustive Concordance of the Bible*, 21st Century ed. (2001) s.v. "αὐτόματος" ("automatos").

2. *Blue Letter Bible*, s.v. "σπορά" ("espora"). Consultado el 18 de agosto de 2023, https://www.blueletterbible.org/lexicon/g4701/kjv/tr/0-1/.

3. *Blue Letter Bible*, s.v. "σπέρμα" ("sperma"). Consultado el 18 de agosto de 2023, https://www.blueletterbible.org/lexicon/g4690/kjv/tr/0-1/.

4. Laura Clark, "Tree Grown From 2,000-Year-Old Seed Has Reproduced", *Smithsonian Magazine*, 26 de marzo de 2015. Consultado el 18 de agosto de 2023, https://www.smithsonianmag.com/smart-news/tree-grown-2000-year-old-seed-has-reproduced-180954746/.

5. *Blue Letter Bible*, s.v. "μεταμορφόω" ("metamorphoō"). Consultado el 18 de agosto de 2023, https://www.blueletterbible.org/lexicon/g3339/kjv/tr/0-1/.

Llama para pedir oración

Si necesitas oración por cualquier motivo y quieres hablar con uno de nuestros operadores en español, puedes llamar a nuestra línea de ayuda al **(+1) 719-635-1111**, (para español: de lunes a viernes, 7:00 a.m. – 3:00 p.m. hora de la montaña. Para inglés: de lunes a domingo las veinticuatro horas del día). Un ministro capacitado recibirá tu llamada y orará contigo. Si nos llamas fuera de los EE. UU., comunícate con nosotros por WhatsApp siguiendo este enlace: wa.link/AWMMexico.

Cada día, recibimos testimonios de sanidades y otros milagros por medio de nuestra línea de ayuda, y estamos compartiendo las noticias que son casi demasiado buenas para ser verdaderas del Evangelio con más personas que nunca. Por lo tanto, ¡te invito a que llames hoy!

El autor

La vida de Andrew Wommack cambió para siempre en el momento que él se encontró con el amor sobrenatural de Dios el 23 de marzo de 1968. Como autor y maestro de renombre de la Biblia, Andrew ha asumido la misión de cambiar la manera como el mundo percibe a Dios.

La visión de Andrew es llevar el Evangelio tan lejos y tan profundo como sea posible. Su mensaje llega lejos por medio de su programa de televisión *Gospel Truth* (*La Verdad del Evangelio*), que está disponible para casi la mitad de la población mundial. El mensaje penetra profundamente por medio del discipulado en el instituto bíblico, Charis Bible College, con su sede en Woodland Park, Colorado. Establecido en 1994, Charis tiene planteles en varios lugares de los Estados Unidos y por todo el mundo.

Andrew también cuenta con una extensa biblioteca de materiales para la enseñanza en formatos impresos, de audio y de video. Más de 200 000 mil horas de enseñanzas gratis *en inglés*, están disponibles en su sitio web **awmi.net**. Para alcanzar a la gente que habla español, y llevarlos a un conocimiento más profundo de la Palabra, su sitio web **awmi. net/español** ofrece gratuitamente videos y artículos de sus enseñanzas más populares.

Información de contacto

Andrew Wommack Ministries, Inc.
PO Box 3333
Colorado Springs, CO 80934-3333
Correo electrónico: info@awmi.net

Charis Bible College
Para obtener más información sobre los cursos que Charis
ofrece:
info@charisbiblecollege.org
(+1) 844-360-9577
CharisBibleCollege.org

Línea de ayuda: (+1) 719-635-1111
(Para español: de lunes a viernes 7:00 a.m. – 3:00 p.m. hora de
la montaña. Para inglés: de lunes a domingo las veinticuatro
horas del día).

Página en español: **awmi.net/español**
Página en inglés: **awmi.net**

Para ver la lista de todas nuestras oficinas, visita:
awmi.net/contact-us

Conéctate con nosotros en las redes sociales.

Made in the USA
Monee, IL
03 February 2025

11434114R00037